ASIE Dominique de Marseille

Le Prisonnier de la liberté

ASIE Dominique de Marseille

Le Prisonnier de la liberté

La prison est la plus belle expression de la liberté

Dictus Publishing

Imprint
Any brand names and product names mentioned in this book are subject to trademark, brand or patent protection and are trademarks or registered trademarks of their respective holders. The use of brand names, product names, common names, trade names, product descriptions etc. even without a particular marking in this work is in no way to be construed to mean that such names may be regarded as unrestricted in respect of trademark and brand protection legislation and could thus be used by anyone.

Cover image: www.ingimage.com

Publisher:
Dictus Publishing
is a trademark of
Dodo Books Indian Ocean Ltd. and OmniScriptum S.R.L publishing group

120 High Road, East Finchley, London, N2 9ED, United Kingdom
Str. Armeneasca 28/1, office 1, Chisinau MD-2012, Republic of Moldova, Europe
Managing Directors: Ieva Konstantinova, Victoria Ursu
info@omniscriptum.com

Printed at: see last page
ISBN: 978-620-8-86034-9

ASIE Dominique de Marseille

Le Prisonnier de la Liberté

«La prison est la plus belle expression de la Liberté »

DÉDICACES

À vous, mes chers compagnons de lutte,

Dans l'arène des rêves, c'est la persévérance qui porte les grandes œuvres,
Bien plus que la force des bras.
À vous, âmes vaillantes :
Evongo Léon,
Mbepa Romuald,
Bede Yahovi,
Mboungou Bazin,
Amona Brigitte,
Elenga Norbert,
Gos Gaspard Leckonov,
Mangondo Gerry Gérard,
Antsoutsoula Mplé Firmin,
Abandzounou Brice,
Batebi Bertier,
Ngoma Pierre,
Mvouma Croissant,
Ompfoula Ludovic,
Loemba Jean Baptiste,
Tello Roger,
Diabassenga Man Athanase,
Elenga Paupy Dieudonné,
Gnioni Réné
Kapassa,
Vokapel.
Vous, éclats de lumière dans les jours ombragés,
Avez écrit les pleurs et les rires du journal LE CHOC,
Voici le chant de votre essor,
L'histoire tissée de vos espoirs et luttes,
Un récit vibrant dans l'écho du temps
Le fil du passé tisse les contours de notre présent.

Que ceux qui nous ont précédés avant que ce gong ne résonne :
Ngapli Marien,
Zembe Arthur,
Issoko Ndinga Jérôme,
Abbe Gandziel Nguel,
Sachez que vous ne serez jamais effacés de ma mémoire,
Votre essence vivra à jamais,
Éternellement ancrée dans le jardin de mon cœur.

AVANT-PROPOS

Un mot pour les libres penseurs

Ayant pris l'option d'ouvrir le rideau qui permet d'accéder à l'antichambre de la connaissance par l'écrit, je me suis abstenu de vous emmerder avec mes arguments peu convaincants et totalement croquignolesques. Il n'est pas question, alors là pas du tout, que je jette le manche après la cognée, cela n'a jamais chatouillé ma conscience.

Je n'ai aucune intention de vous demander de me se cloquer car je suis complétement megané par le poids de la recherche de la culture.

Je vous prie de m'épargner de votre expression sardonique. Je ne veux pas être atrabilaire face à cette initiative pétulante et même noctiluque qui fascine par son coté séraphique. Aucune prétention que j'agite le parapluie car je suis ce genre d'autodidacte qui n'aime pas louvoyer quand il s'agit de nommer les choses.

En parcourant ces lignes, vous allez probablement vous rendre compte que je ne suis pas atteint de glossophobie, cette peur de parler en public qui me réduirait de manière énigmatique voire apathique.

Je ne vais tout de même pas vous faire ingurgiter des amphigouriques à travers mes écrits et recevoir en retour une sacrée objurgation dont je ne pourrais me remettre, plongé dans une torpeur qui, à l'excès, finit par engendrer en moi une cryptique thanaphobie.

Mon souhait le plus ardent est de vous conduire à l'université des œuvres immarcescibles.

Franchement, j'ai aimé, votre manière de m'aimer à vous aimer...attention, ce n'est pas une galéjade !

Vous avez compris que je suis ASIE Dominique de Marseille,
civilisateur de la communication au Congo.

INTRODUCTION

L'Afrique des années 1990 est marquée par un vent de changement, un souffle d'espoir qui traverse le continent. La chute des régimes autoritaires et l'appel à la démocratie résonnent dans les esprits et les cœurs des populations. C'est dans ce contexte de tumultes politiques et sociaux que se déroule la conférence nationale souveraine du Congo, un événement déterminant qui vise à redéfinir les fondements de la gouvernance dans le pays. Cette grand-messe politique, convoquée sous l'égide de la libéralisation et du multipartisme, se veut le symbole d'un nouveau départ pour un peuple en quête de liberté et de justice. Les chefs d'État africains, contraints par la pression internationale, se voient dans l'obligation d'ouvrir la voie à un pluralisme politique longtemps réprimé.
C'est au cœur de cette effervescence que se lève la voix d'ASIE Dominique de Marseille, jeune journaliste passionné et visionnaire. Diplômé en journalisme, il perçoit la libération de la presse comme un élément fondamental de la démocratie naissante. En 1991, il fonde le journal LE CHOC, un bihebdomadaire d'information et d'opinion qui se distingue par sa volonté de bousculer les normes établies. À une époque où l'information est contrôlée, LE CHOC s'impose comme un phare de la vérité, prêt à éclairer les zones d'ombre du pouvoir et à donner une voix aux sans-voix.
La liberté de la presse constitue le socle sur lequel repose une démocratie authentique. Elle permet d'informer, de dénoncer, de questionner et de débattre. Dans un pays où l'État a longtemps exercé un monopole sur l'information, l'émergence de publications indépendantes comme LE CHOC est une avancée décisive. Elle offre aux citoyens l'opportunité d'accéder à des points de vue diversifiés, de s'engager activement dans le débat public et d'exiger des comptes de leurs dirigeants. Dans ce livre, nous suivrons le parcours d'ASIE Dominique de Marseille, témoin et acteur de cette époque charnière, qui, au péril de sa liberté, n'hésitera pas à défendre le droit à l'information et à la vérité, devenant ainsi une figure emblématique de la lutte pour la liberté de la presse au Congo.

CHAPITRE 1

La Conférence nationale souveraine

Au début des années 1990, l'Afrique est en pleine mutation. Les mouvements de contestation s'intensifient sur le continent, et les populations réclament des réformes politiques visant à mettre fin aux régimes autoritaires qui ont longtemps régné sans partage. C'est dans ce climat de tension et d'espoir que se tient en 1990 le sommet France-Afrique de la Baule, un événement déterminant qui va influencer le destin de nombreux pays africains, et notamment celui du Congo.

Contexte politique : l'influence du sommet France-Afrique de la Baule

Le sommet de la Baule, réuni sous l'égide du président français François Mitterrand, va marquer un tournant dans les relations entre la France et les pays africains. Face à la montée des aspirations démocratiques sur le continent, Mitterrand prononce un discours emblématique, affirmant que l'aide au développement des pays africains serait désormais conditionnée à des avancées démocratiques. Ce message ne tarde pas à faire écho au sein des États africains, où de nombreux dirigeants se voient contraints d'ouvrir la voie à des réformes politiques sous peine de voir l'aide internationale suspendue.

Mitterrand insiste sur la nécessité de quitter le système monopartite, qui a longtemps servie de bouclier aux régimes autoritaires, pour embrasser le multipartisme. Cette transition n'est pas seulement une question de changement de régime, mais un impératif pour instaurer une gouvernance plus juste et transparente. La conférence nationale souveraine, qui sera organisée au Congo, est ainsi perçue comme une opportunité inédite de rénover le paysage politique national et de répondre aux aspirations d'une population avide de participation et de liberté.

Les chefs d'État africains et la transition vers le multipartisme

Face à cette nouvelle donne, les chefs d'État africains se retrouvent à un carrefour décisif. Pour certains, le multipartisme est perçu comme une menace à leur pouvoir, tandis que pour d'autres, il constitue une chance de renouveler leur légitimité. Au Congo, le président Denis Sassou Nguesso, au pouvoir depuis des années, est confronté à une pression croissante pour organiser une conférence nationale.

C'est ainsi que s'ouvre la conférence nationale souveraine du Congo en 1991, un événement qui rassemble les représentants de la société civile, des partis politiques, des syndicats et des organisations de jeunesse. Cette rencontre historique est perçue comme un espace de dialogue sans précédent, où les voix longtemps étouffées peuvent enfin s'exprimer. Cependant, l'ombre de la répression plane toujours, et les incertitudes quant à l'issue de ces discussions sont palpables.

La nécessité de libéraliser le secteur de la presse

Au cœur de cette conférence, la question de la liberté de la presse émerge comme un enjeu fondamental. Jusqu'alors, le secteur de la presse au Congo était étroitement contrôlé par l'État, sous l'égide d'un parti unique qui dictait les contenus et censurait les voix dissidentes. La libéralisation de la presse apparaît ainsi comme une condition sine qua non pour garantir un débat démocratique inclusif et transparent.

Les acteurs de la société civile, les journalistes et les représentants des partis politiques expriment leur volonté de voir émerger un paysage médiatique pluraliste, capable de refléter les diverses opinions et d'informer les citoyens sans entrave. La libération de la presse est perçue comme un vecteur essentiel de responsabilité et de transparence dans l'exercice du pouvoir.

Dans ce contexte tumultueux, un jeune journaliste nommé ASIE Dominique de Marseille s'affirme avec conviction. En fondant son propre journal, LE CHOC, il se lance dans une aventure audacieuse, prêt à devenir un acteur incontournable de cette nouvelle ère. Son engagement pour la liberté d'expression et le droit à l'information le propulse au cœur d'un combat qui dépasse les simples mots.

La conférence nationale souveraine se profile à l'horizon, marquant un tournant décisif dans le paysage politique du pays. Pour Dominique et ses confrères, c'est une occasion de revendiquer leur place dans la construction d'un édifice démocratique encore en gestation. Leurs voix, souvent étouffées, sont prêtes à résonner plus fort que jamais.

Dans cette atmosphère chargée d'espoir, la presse congolaise entrevoit un avenir incertain, mais plein de promesses. Les journalistes, armés de leurs plumes, rêvent d'un jour où la voix du citoyen pourra enfin se faire entendre, où la liberté de la presse ne sera plus qu'un idéal, mais une réalité palpable.

CHAPITRE 2

L'émergence du journal LE CHOC

La période qui entoure la conférence nationale souveraine du Congo est marquée par une effervescence sans précédent. Les espoirs de changements politiques et sociaux sont palpables, mais le chemin vers la démocratie reste semé d'embûches. C'est dans ce contexte qu'ASIE Dominique de Marseille, jeune diplômé en journalisme, décide de prendre les devants en créant un journal qui se veut libre et audacieux : LE CHOC.

Conscient des enjeux qui pèsent sur la liberté d'expression, ASIE Dominique de Marseille, se fixe un objectif clair : informer les citoyens et donner une voix à ceux qui n'en ont pas. En 1991, alors que la libéralisation de la presse n'est encore qu'une promesse, il fonde le journal LE CHOC, un bihebdomadaire d'information et d'opinion. Son ambition n'est pas simplement de relayer l'actualité, mais de défier les normes établies et d'apporter un regard critique sur l'exercice du pouvoir.

Dès ses débuts, LE CHOC se distingue par sa volonté de traiter des sujets sensibles et de publier des articles qui ne laissent pas indifférents. Malgré les risques inhérents à la création d'un média dans un environnement encore répressif, ASIE se lance avec détermination. Le nom «LE CHOC» lui-même symbolise cette volonté de provoquer une prise de conscience parmi la population, de la sortir de l'apathie et de l'inciter à s'interroger sur ses droits et ses libertés.

Les défis de la clandestinité et la publication du journal avant la libéralisation

L'un des principaux défis auxquels ASIE Dominique de Marseille est confronté est celui de la clandestinité. À cette époque, la presse est encore sous l'emprise du monopole de l'État, et toute tentative de publication indépendante est perçue comme une menace. LE CHOC doit donc naviguer dans l'ombre à un moment où la liberté d'expression est encore un concept flou pour beaucoup.

La rédaction du journal LE CHOC se déroule dans un cadre précaire, où chaque jour est une lutte. Les journalistes, conscients des dangers juridiques et physiques qui les menacent, font preuve d'une ingéniosité sans pareille et d'une discrétion constante. ASIE Dominique de Marseille, enflé de passion et de détermination, avec l'aide de son plus proche collègue de classe Evongo Léon à qui il donne mission de rassembler quelques anciens collègues de formation en journalisme pour donner naissance à cette aventure audacieuse.

Leur premier lieu de rencontre se trouve être le modeste appartement qu'ASIE loue dans le quartier animé du Plateau des 15 ans à Brazzaville. Là, dans cette ambiance électrisante d'espoir et d'engagement, ils s'attellent à la tâche. Les premiers articles voient le jour dans un secrétariat bureautique local, un espace où l'enthousiasme et la crainte cohabitent.

La grande étape arrive lorsqu'ils obtiennent le feu vert de Monsieur Jacques Banangadzala, le directeur général de l'Imprimerie Nationale. Reconnaissant l'importance de leur projet pour l'ouverture démocratique du pays, il leur permet de faire imprimer leur premier numéro. Le 25 février 1991 le premier numero du journal LE CFHOC est tiré à trois mille exemplaires qui seront vites liquidés. Deux jours après il a fallu tirer encore cinq mille exemplaires qui ont été tous vendus comme de petits pains. Au total le premier numero a été tiré à huit mille exemplaires, ce qui est absolument extraordinaire pour un journal qui est conçu dans la clandestinité.

Pour ASIE et ses collègues, c'est un moment décisif, un soulagement immense car leur rêve prend enfin forme. Ce geste, à la fois audacieux et solidaire, incarne une volonté collective d'éveiller les consciences et d'initier un véritable débat public.

Malgré les défis auxquels ils font face, LE CHOC parvient à toucher un public avide de nouvelles perspectives et de critiques sur les affaires publiques. Les premiers tirages, qui atteignent jusqu'à dix mille exemplaires, témoignent d'un intérêt grandissant et d'une soif de vérité parmi la population. Les articles, souvent percutants, traitent de divers sujets, des scandales politiques aux injustices sociales, tout en offrant une tribune aux voix souvent ignorées.

Le rôle de la presse établie avant la démocratisation

Avant l'avènement de LE CHOC, le paysage médiatique congolais était largement dominé par quelques organes de presse étatiques, qui servaient principalement les intérêts du pouvoir en place. Dans ce contexte restreint, un seul journal se distinguait par son indépendance relative : LA SEMAINE AFRICAINE. Appartenant à l'Église catholique, cet organe de presse bénéficiait d'une certaine légitimité pour exister et opérer, un privilège qui lui avait été accordé bien avant l'indépendance du Congo.

Cette affiliation religieuse a sans doute joué un rôle clé, permettant à LA SEMAINE AFRICAINE de naviguer dans un environnement médiatique rigide, tout en offrant une voix qui, bien que limitée, pouvait aborder des sujets que d'autres n'osaient pas toucher. Par conséquent, cette publication se positionnait comme une lueur d'espoir pour ceux qui aspiraient à une plus grande liberté d'expression dans un paysage médiatique encore fortement contrôlé par l'État.

Avec l'arrivée du journal LE CHOC, un nouvel espace de contestation se dessine. ASIE Dominique de Marseille et son équipe opèrent dans un créneau qui manquait cruellement : celui d'un journal indépendant capable de rivaliser avec les médias traditionnels tout en proposant une vision différente de l'actualité. LE CHOC incarne un souffle nouveau qui contraste avec la monotonie des publications contrôlées par l'État. Il s'affirme comme un acteur essentiel du processus de démocratisation, offrant une plateforme aux opinions divergentes et participant à l'émancipation de la pensée critique.

À mesure que la conférence nationale souveraine approche, la présence du journal LE CHOC devient de plus en plus significative. Le journal ne se contente pas de relayer l'actualité ; il pose des questions fondamentales sur la démocratie, la justice et les droits des citoyens. Dans un pays où la voix du peuple a longtemps été étouffée, LE CHOC s'impose comme un symbole de résistance et d'espoir, annonçant l'émergence d'une presse libre, non seulement comme un droit, mais comme un devoir vis-à-vis de la société.

Ainsi, l'émergence du journal LE CHOC constitue un tournant majeur dans le paysage médiatique congolais. Ce journal incarne une véritable quête de liberté et de vérité, se posant comme un défenseur acharné du droit à l'information. Avec son arrivée, il ouvre la voie à une pluralité d'opinions et offre un espace où les voix qui aspirent à l'expression peuvent enfin se faire entendre, marquant le début d'une nouvelle ère pour la presse dans le pays.

CHAPITRE 3

Les débuts audacieux du journal LE CHOC

L'année 1991 marque un tournant dans l'histoire du Congo, et avec elle, l'émergence du journal LE CHOC, qui se présente comme un catalyseur d'espoir et de changement. Dès sa première publication, LE CHOC ne tarde pas à provoquer une onde de choc dans le paysage médiatique congolais. Son apparition sur le marché, bien que furtive, est accompagnée d'un élan d'enthousiasme qui dépasse les attentes d'ASIE Dominique de Marseille et de son équipe.

Première publication et réponse du public : un engouement inattendu

La première édition du journal LE CHOC, publiée dans la clandestinité, suscite une curiosité et une excitation palpables. Les lecteurs, avides de nouvelles perspectives et d'informations non filtrées, se précipitent pour acquérir les exemplaires. La distribution se fait principalement dans des lieux publics, tels que la place de la grande poste au cœur de Brazzaville, ainsi que dans les kiosques à journaux des deux plus grandes villes du Congo, Brazzaville et Pointe-Noire.

Cette nouvelle approche de l'information, incarnée par ce titre audacieux, provoque un engouement tel que la demande dépasse rapidement l'offre. Bien que les membres de l'équipe de rédaction soient conscients des risques associés à leur initiative, ils s'efforcent de gérer la distribution avec prudence. Cependant, la réponse du public est claire : une soif insatiable de liberté d'expression qui ne saurait être réprimée.

L'accueil chaleureux des premiers lecteurs témoigne d'un besoin pressant de changement. Les caricatures, inédites dans la presse congolaise, enrichissent les articles, souvent percutants et sans concession, qui traitent de divers sujets, des injustices sociales aux abus de pouvoir, en passant par les scandales politiques. Cette approche innovante crée un véritable choc. Le journal LE CHOC parvient ainsi à captiver un public qui, jusqu'alors, se sentait muet, privé de liberté de presse et d'expression. En quelques semaines seulement, LE CHOC s'affirme comme une référence pour ceux qui aspirent à une information libre et diversifiée.

La liberté d'expression et l'impact des caricatures et enquêtes

L'un des aspects qui distingue le journal LE CHOC de ses concurrents est son audace à aborder des sujets sensibles et à recourir à la caricature comme instrument de critique sociale. Les illustrations satiriques, présentant les dirigeants politiques sous un jour peu flatteur, deviennent rapidement emblématiques du traitement singulier que le journal LE CHOC réserve à l'actualité. Bien que ces caricatures soient empreintes d'humour, elles véhiculent des messages puissants qui incitent à la réflexion.

Pour se rapprocher encore plus de son public, LE CHOC a trouvé judicieux de mixer le français et la langue nationale, le lingala, dans ses titres en première page. Un exemple marquant est le titre : « Lissanga ya ba ndoki ya mboka » (Union des sorciers du pays), illustré par une caricature saisissante mettant en scène ces décideurs du pays au plus haut niveau supposés être les freineurs du développement du pays. Un autre titre «Le combat du siècle» illustré par une caricature saisissante mettant en scène le président de la république et un leader syndical sur un ring de catch. Cette approche a non seulement propulsé les ventes, mais a également créé un lien fort entre le journal et son audience.

En parallèle, LE CHOC mène des enquêtes approfondies qui mettent en lumière des pratiques de corruption et d'autres fléaux frappant le pays. ASIE Dominique de Marseille et son équipe s'engagent dans des investigations audacieuses, révélant des scoops qui suscitent l'indignation et alimentent le débat public. Ces enquêtes, souvent fondées sur des témoignages de citoyens, exposent des réalités que la presse étatique a longtemps choisies d'ignorer. L'impact de ces révélations est considérable : le public se trouve non seulement informé, mais également mobilisé, prêt à questionner les autorités et à revendiquer ses droits.

Présentation des premiers tirages et de l'accueil du public

Au fil des semaines, LE CHOC voit son tirage croître à une vitesse exponentielle. Ce qui avait commencé comme une modeste impression de quelques numéros s'est rapidement transformé en un phénomène, atteignant des chiffres que l'on n'aurait jamais osé imaginer pour un nouveau journal dans un contexte aussi difficile. Les ventes franchissent bientôt la barre des dix mille exemplaires, et LE CHOC s'impose comme une voix incontournable dans le débat public.

L'accueil du public ne se limite pas à l'achat du journal ; il se manifeste également sur les réseaux informels de communication. Dans les foyers, sur les lieux de travail et à l'école, les discussions autour des sujets abordés par LE CHOC se multiplient. Les lecteurs, passionnés par les articles, n'hésitent pas à photocopier les exemplaires qui les intéressent et à organiser des lectures publiques. Ces rassemblements permettent aux citoyens de se retrouver autour des idées véhiculées par le journal, renforçant ainsi un sentiment de solidarité et d'appartenance à un mouvement collectif prônant la liberté d'expression.

L'impact du journal LE CHOC sur la société congolaise est indéniable. Ce n'est pas simplement un journal ; c'est devenu un symbole d'espoir, une lueur de résistance face à une quête de liberté de plus en plus pressante. ASIE Dominique de Marseille, conscient de ce succès inattendu, comprend que la mission du journal LE CHOC va bien au-delà de l'information. Il s'agit d'un vecteur de changement social, d'un appel vibrant à l'engagement citoyen et d'un outil essentiel pour bâtir une démocratie authentique.

Ainsi, les débuts audacieux du journal LE CHOC annoncent l'avènement d'une nouvelle ère pour la presse congolaise, mais aussi la naissance d'une conscience collective aspirant à la justice et à la transparence. Bien que le chemin soit encore semé d'embûches, ASIE et son équipe sont déterminés à poursuivre ce combat pour la liberté, armés de leur plume, de leur courage et de leur passion pour un avenir meilleur.

CHAPITRE 4

Enquêtes et conséquences

En à peine quelques numéros, le journal LE CHOC s'affirme comme un acteur incontournable du paysage médiatique congolais. Sa volonté farouche de dénoncer les abus de pouvoir et de révéler la vérité incite ASIE Dominique de Marseille et son équipe à mener des enquêtes audacieuses. Ces investigations, cependant, ne sont pas sans conséquences, tant pour les journalistes que pour les autorités en place.

Des enquêtes marquantes mettent en lumière le courage des journalistes qui y participent, tout en soulignant les répercussions qui en découlent.

LE CHOC attire l'attention sur des sujets souvent ignorés ou consciemment négligés par la presse d'état. Ces investigations, saluées par le public, entraînent des réactions de soutien mais aussi des représailles ciblées de la part des autorités, qui tentent de faire taire ceux qui osent s'opposer à leur manière de gouverner la cité.

Ces investigations de haute facture illustrent la bravoure des journalistes de la rédaction du journal LE CHOC, prêts à affronter les dangers pour faire entendre un autre son de cloche qui dérange beaucoup d'oreilles suffisamment attentives à la parole des journalistes des medias indépendants. L'engagement de ces journalistes témoigne d'une détermination sans faille à promouvoir la liberté d'expression et à encourager un changement positif au sein de la société congolaise.

Détails sur les enquêtes marquantes menées par LE CHOC

Les enquêtes menées par LE CHOC se distinguent par leur profondeur et leur rigueur. L'une des premières investigations met en lumière des faits qui remettent en question la crédibilité du gouvernement. LE CHOC parvient à obtenir des témoignages des militaires et de fonctionnaires ayant été impliqués dans des opérations secrètes. Ces sources révèlent l'existence d'un programme de formation militaire mené par des instructeurs israéliens, recrutés pour former une milice à la solde du président Pascal Lissouba, composée spécialement d'éléments recrutés dans son fief, constitué de trois départements dont la Bouenza, le Niari et la Lékoumou communement appelés NIBOLEK. Cette milice casernée à Aubeville à quelques encablures de Madingou était connue sous le nom d'Aubevillois. C'est le colonel Nguembo qui était le responsable de cette formation.

Ce type d'enquête, qui dévoile des pratiques troubles et des alliances peu orthodoxes, s'avère à la fois risqué et crucial. ASIE Dominique de Marseille sait qu'il met en lumière des informations susceptibles d'attirer la fureur des autorités. Cependant, la volonté du journal LE CHOC de défendre le droit à l'information l'emporte sur les craintes personnelles. Le journal publie donc un dossier détaillé sur cette affaire, accompagné d'analyses et de témoignages qui mettent en lumière les implications financières et politiques de ces agissements.

L'enquête sur les instructeurs israéliens et les conséquences judiciaires pour ASIE Dominique de Marseille

L'impact de cette enquête se fait sentir immédiatement, provoquant un écho retentissant. Le numéro qui dévoile les informations sur les instructeurs israéliens rencontre un succès de vente notable, mais attire également l'attention du gouvernement inquiet. Ce dernier, se sentant menacé par de telles accusations, réagit de manière prévisible et brutale. Quelques jours après la publication, ASIE Dominique de Marseille est arrêté. Les charges qui pèsent sur lui sont graves : diffamation, atteinte à la sécurité de l'État, et divulgation de documents confidentiels.

Le procès qui s'ensuit est un triste exemple de répression contre ceux qui osent exprimer des opinions divergentes. Les preuves contre lui sont fragiles, mais le système judiciaire laisse clairement entrevoir son préjugé. ASIE refuse cependant de céder au chantage de ceux qui lui demandent de publier un article de rectification, de se disculper et de présenter des excuses à son public, affirmant que son article n'était qu'une fausse information orchestrée par l'opposition au pouvoir de Pascal Lissouba. Malgré toutes ces pressions, ASIE Dominique de Marseille fait preuve d'un courage inébranlable. Il préfère affronter l'incarcération plutôt que de compromettre sa crédibilité et son intégrité, valeurs essentielles à un journaliste digne de ce nom.

Son arrestation devient alors le symbole d'une lutte acharnée pour la liberté de la presse. Après un mois derrière les barreaux, il retrouve enfin la liberté, mais cette expérience ne fait que renforcer sa détermination à poursuivre son combat pour la vérité.

La deuxième enquête sur le détournement du chèque pour la construction du pont

À peine sorti de prison, ASIE Dominique de Marseille se remet au travail avec une ferveur renouvelée. LE CHOC publie alors une nouvelle enquête qui met à jour un scandale de corruption lié au détournement d'un chèque destiné à la construction d'un pont sur la rivière Kouyou, situé dans le district de Mbama région de la Cuvette. Cette enquête révèle que les fonds alloués à ce projet essentiel ont été siphonnés au niveau du trésor public départemental d'Owando, pour des usages politiques douteux.

Les investigations menées par le journal LE CHOC mettent en lumière le rôle clé du Premier ministre Joachim Yhombi Opango dans cette affaire. Selon les témoignages recueillis, il aurait donné des instructions pour que les fonds soient redirigés afin de corrompre un député, dont le soutien était crucial pour maintenir une majorité vacillante. LE CHOC ne se contente pas de relater les faits ; il donne la parole à des témoins et recueille des documents attestant des manipulations financières.

Cette nouvelle publication déclenche une vague d'indignation au sein de la population. La colère des citoyens gronde face à l'ampleur de la corruption révélée et à l'impunité dont bénéficient les dirigeants. Cependant, la réaction du gouvernement ne se fait pas attendre. ASIE Dominique de Marseille est de nouveau arrêté, cette fois-ci condamné à six mois de prison pour diffamation. Loin de démoraliser le journaliste, cette nouvelle incarcération galvanise encore davantage la lutte pour la liberté d'expression.

Les enquêtes menées par LE CHOC illustrent non seulement le courage d'ASIE Dominique de Marseille, mais également la nécessité d'une presse libre et indépendante dans une société démocratique. Chaque révélation, chaque article, devient un acte de résistance contre l'oppression et l'injustice. Malgré les conséquences personnelles dramatiques, ASIE et son équipe continuent de croire en la puissance de l'information et de la vérité. Leurs enquêtes ne sont pas simplement des informations ; elles deviennent des cris de ralliement pour un peuple en quête de justice, de transparence et de liberté.

CHAPITRE 5

La répression du journalisme

À mesure que le journal LE CHOC gagne en popularité, la tension avec les autorités congolaises s'intensifie. Les enquêtes audacieuses menées par le journal, révélant des scandales de corruption et des abus de pouvoir, désarçonnent un gouvernement qui ne supporte pas la lumière jetée sur ses pratiques douteuses. ASIE Dominique de Marseille devient rapidement une cible privilégiée pour les autorités, et les arrestations, jugements et emprisonnements s'ensuivent inévitablement.

Arrestations, jugements et emprisonnements d'ASIE Dominique de Marseille

Après la publication de ses deux enquêtes marquantes, ASIE Dominique de Marseille est arrêté pour la première fois sur des accusations de diffamation et d'atteinte à la sécurité de l'État. Le climat est tendu : les autorités, déterminées à museler toute voix dissidente, voient en lui un danger public. Le procès qui s'ensuit est une parodie de justice, où les témoignages accablants sont relégués au second plan, et les preuves, souvent fabriquées, sont présentées comme irréfutables.

Malgré une défense acharnée et le soutien croissant du public, ASIE est condamné à un mois de prison. Cette incarcération, bien que courte, marque un moment décisif dans sa vie. Libéré, il reprend son travail avec encore plus de vigueur, mais la répression du pouvoir n'est pas prête à se relâcher. À peine sorti, il est déjà sous le coup d'une nouvelle enquête, et au moment où LE CHOC publie l'article sur le détournement du chèque pour la construction du pont, il est de nouveau arrêté.

Cette fois-ci, le jugement est plus sévère. ASIE est condamné à six mois de prison. Dans son esprit, ce second emprisonnement représente à la fois une injustice et une légitimité à son combat. Il sait qu'en défendant la liberté d'expression, il risque sa vie, mais il considère cela comme un prix nécessaire à payer pour ouvrir la voie à une société plus juste.

Conditions de détention et traitement en prison

Les conditions de détention à la maison d'arrêt centrale de Brazzaville sont loin d'être humaines. ASIE se retrouve dans une cellule surpeuplée, où l'hygiène est catastrophique et les droits des prisonniers sont systématiquement bafoués. Les prisonniers sont souvent privés de nourriture et de soins médicaux, et la violence entre détenus est omniprésente.

Tous les dimanches le ministre de la justice de cette époque, venait à la maison d'arrêt pour voir le Prisonnier du Gouvernement. Il prenait le soin de se renseigner si le prisonnier prend bien sa dose régulière de châtiment corporel. Les geôliers rassuraient le ministre qu'ils le bastonnent deux fois par jour. Le matin et le soir. Ils aspergent le prisonnier du liquide qui suinte d'une bougie allumée sur sa tempe et sur sa joue. Ensuite ils versent de l'eau dans sa cellule et le laissent inconscient dans une flaque d'eau mélangée au sang qui coule de sa bouche dont il a perdu plusieurs dents. ASIE Dominique de Marseille porte jusqu'aujourd'hui les cicatrices indélébiles de ces sévices. inhumains.

Malgré ces difficultés, il trouve des moyens de résister à l'angoisse et à la déshumanisation. Il développe des amitiés avec d'autres prisonniers, partageant des conversations profondes sur la liberté, la dignité humaine et la justice. Ces échanges lui apportent un certain réconfort et renforcent sa conviction que la lutte pour la liberté est un combat collectif.

Les gardiens, quant à eux, font preuve d'une hostilité manifeste envers ASIE, infligeant des traitements dégradants et humiliants. Il se retrouve souvent isolé et obligé à se taire, mais rien ne peut le dissuader de défendre ses convictions. Sa détention devient ainsi un espace de réflexion sur les valeurs qu'il défend et les raisons pour lesquelles il a choisi de devenir journaliste.

Réflexions de Dominique sur la liberté et la justice pendant son incarcération

C'est dans ce contexte difficile que les réflexions d'ASIE Dominique de

Marseille prennent forme. Chaque jour passé en prison lui rappelle combien la liberté d'expression est précieuse et combien elle est souvent menacée. Dans sa cellule, il écrit sur les murs des pensées qui expriment son engagement pour la justice : « La prison est la plus belle expression de la liberté. » Cette phrase, énigmatique et puissante, résume son état d'esprit. Pour lui, être emprisonné pour avoir défendu la vérité est une forme de dignité.

ASIE comprend également que sa lutte ne concerne pas uniquement son sort personnel, mais qu'elle s'inscrit dans un combat plus vaste pour la liberté de tous. La répression qu'il subit est le reflet d'un système qui craint la lumière de la vérité. Ses pensées se tournent vers ceux qui, comme lui, sont persécutés pour leurs convictions. Il se promet de continuer à défendre la liberté d'expression, car il sait qu'une société ne peut prospérer sans une presse libre pour informer et éduquer ses citoyens.

En réfléchissant à la notion de justice, ASIE réalise que celle-ci ne peut exister que lorsque les voix critiques sont entendues et respectées. Sa détermination à lutter pour un Congo libre et démocratique ne vacille pas, même dans l'obscurité de sa cellule. Il est devenu, malgré lui, un symbole vivant de la résistance. À travers ses écrits et ses réflexions, ASIE Dominique de Marseille incarne l'idée que la liberté d'expression est un droit fondamental, et que chaque voix compte dans le combat pour la justice.

Ainsi, alors que les jours s'écoulent lentement derrière les barreaux, ASIE continue d'affirmer sa foi en la liberté, convaincu que la lumière finira par percer l'obscurité. Sa détermination, nourrie par les épreuves, le prépare à sortir de prison non pas comme un homme brisé, mais comme un défenseur acharné de la vérité et de la justice.

CHAPITRE 6

La résilience et la métamorphose

L'incarcération d'ASIE Dominique de Marseille, loin de le condamner à l'obscurité, devient pour lui une expérience formatrice et transformatrice. Alors qu'il entre dans la maison d'arrêt centrale de Brazzaville, il est encore marqué par les doutes et les peurs liés à sa lutte pour la liberté de la presse. Cependant, à l'issue de cette épreuve, il émergera non pas comme un homme abattu, mais comme un symbole de résilience et de détermination.

Le parcours d'ASIE à travers l'incarcération : de l'agneau au guépard

En entrant en prison, ASIE se sent tel un agneau, vulnérable et exposé aux forces qui cherchent à le réduire au silence. Les premières semaines dans la cellule 52 sont difficiles, marquées par des moments de solitude et de désespoir. Cependant, il ne tarde pas à réaliser que cette épreuve peut devenir une source de force. Les discussions avec d'autres prisonniers, les échanges d'idées et les réflexions profondes sur la liberté et la justice lui permettent de se redécouvrir.

Peu à peu, ASIE abandonne son image d'agneau pour se transformer en guépard, un animal emblématique de force et de résilience. Cette métamorphose s'opère alors qu'il commence à percevoir la prison non seulement comme une punition, mais aussi comme un champ de bataille pour ses convictions. Chaque jour passé derrière les barreaux devient une occasion de renforcer son engagement envers la liberté d'expression et le droit à l'information. Il comprend qu'en défendant sa propre liberté, il défend également celle de tous ceux qui aspirent à une société juste et transparente.

Comment la détention a renforcé sa détermination à défendre la liberté de la presse

La détention d'ASIE ne fait que renforcer sa détermination à lutter pour la liberté de la presse. Chaque humiliation subie, chaque moment de doute, le pousse à réfléchir à l'importance cruciale d'un journalisme libre. Sa correspondance avec des amis et des alliés à l'extérieur lui permet de suivre l'évolution de la situation politique au Congo, et il se rend compte des enjeux énormes en jeu. Le besoin d'une presse indépendante et critique est plus vital que jamais.

ASIE commence à écrire clandestinement, griffonnant sur des morceaux de papier des idées, des réflexions, des articles en préparation pour le jour où il retrouvera sa liberté. Il sait que son combat ne se limite pas à sa propre situation ; il est le porte-voix de tous ceux qui souffrent dans le silence. Son incarcération le motive à devenir un meilleur journaliste, à approfondir ses recherches, à élargir sa vision du monde. Il prend conscience que la lutte pour la liberté de la presse est un combat qui transcende les frontières et les contextes, et que chaque voix compte dans cette bataille.

Sa perception de la prison comme un symbole de liberté

Pour ASIE Dominique de Marseille, la prison prend une signification inattendue. Dans un premier temps, elle symbolise les chaînes de l'oppression et la répression du pouvoir. Cependant, au fil du temps, elle se transforme en un symbole de liberté. En effet, c'est ici, dans la souffrance et l'injustice, qu'il trouve la force de se battre pour ce en quoi il croit. En écrivant sa vérité, en réfléchissant à son engagement, il se libère d'une certaine façon des contraintes qui pèsent sur lui. Il l'exprime bien dans cette phrase : « Dans la maison d'arrêt, j'y suis entré Agneau pour en sortir Guépard » a-t-il écrit sur le mur de sa celle 52, qu'il appelle affectueusement « ma 52ème demeure. »

Cette perception de la prison comme un symbole de liberté est profondément enracinée dans la conviction d'ASIE que la lutte pour la vérité est intrinsèquement liée à un état d'esprit libre. En défendant la liberté de la presse, il défend également la liberté de penser, de s'exprimer et de s'engager. La cellule devient un espace de résistance, où il forge son identité de journaliste engagé, prêt à affronter les défis à venir avec courage et détermination.

Ainsi, à travers son parcours d'incarcération, ASIE Dominique de Marseille ne se contente pas de survivre ; il se transforme et renforce son engagement pour une cause qui lui est chère. Il devient un modèle de résilience, un guépard prêt à rugir pour la liberté de la presse, même lorsque les temps sont sombres. Sa métamorphose est le reflet d'un combat plus grand que lui, une lutte pour la justice et la vérité, qui continuera bien au-delà des murs de la prison.

CHAPITRE 7

L'après-prison et l'engagement pour la liberté

Après avoir passé plusieurs mois derrière les barreaux, ASIE Dominique de Marseille retrouve la liberté avec un regard transformé sur le monde qui l'entoure. Sa sortie de prison ne marque pas simplement le retour à une vie normale ; elle symbolise le début d'une nouvelle phase de son engagement pour la liberté de la presse et la défense des droits humains. Fort de son expérience et de sa résilience, ASIE s'apprête à jouer un rôle clé dans le renouveau du paysage médiatique congolais.

Retour à la vie active après la prison : impact sur sa carrière

Le retour à la vie active est pour ASIE un moment aussi exaltant qu'anxiogène. Bien que la lumière du jour et l'air frais de la liberté lui soient offerts, il doit également faire face aux séquelles de son incarcération. Les cicatrices laissées par l'expérience pénible de la prison, tant sur le plan physique que psychologique, sont présentes, mais elles ne l'empêchent pas de reprendre ses activités.

ASIE reprend rapidement son poste à la rédaction de LE CHOC, où il est accueilli en héros par ses collègues et ses lecteurs. Son expérience en prison lui confère une légitimité nouvelle et un poids dans son discours. Le journal, qui a continué à publier en son absence, bénéficie d'une forte visibilité et d'un public engagé, avide de changement. Les articles d'ASIE, teintés de sa détermination renouvelée, captivent une audience de plus en plus large.

Il reprend du service au cœur d'une actualité brûlante qui secoue le Congo, marquée principalement par deux affaires qui font grand bruit : celle des disparus du Beach de Brazzaville et celle des Biens Mal Acquis. Le journal LE CHOC active de nouveau sa rédaction, et ASIE Dominique de Marseille, tel un chevalier en quête de vérité, se lance à nouveau dans l'investigation, son domaine de prédilection.

Il consacre de longs mois à enquêter sur ces deux affaires, qui ont nécessité des éditions spéciales du journal LE CHOC, contribuant ainsi à accroître sa notoriété. Seul média du pays à mener des investigations sur ces sujets sensibles, LE CHOC s'aventure jusqu'en République Démocratique du Congo, où vivent des réfugiés congolais ayant fui la guerre au Congo-Brazzaville. ASIE effectue également des déplacements réguliers à Paris pour suivre l'évolution de l'affaire des Biens Mal Acquis.

Tout le pays est suspendu aux révélations du journal, qui a eu le courage de mener ces enquêtes périlleuses et financièrement exigeantes. Les vérités mises à jour par le journal LE CHOC bouleversent profondément l'opinion nationale et internationale concernant ces deux affaires. ASIE Dominique de Marseille voit son audience croître encore davantage, devenant ainsi l'emblème d'un journaliste déterminé, engagé au service de la vérité, de la justice et de la liberté.

Rapidement, il devient la voix de la résistance dans un paysage médiatique où la censure et la répression continuent d'exister. Ses réflexions sur la liberté de la presse et la responsabilité des journalistes s'inscrivent dans une volonté d'élever le débat public, et il n'hésite pas à pointer du doigt les abus et les injustices qui persistent.

Nomination au Conseil Supérieur de la Liberté de Communication

Reconnaissant son engagement et son expertise, ASIE Dominique de Marseille est nommé au Conseil Supérieur de la Liberté de Communication (CSLC). Cette institution, créée pour garantir l'indépendance des médias et protéger la liberté d'expression, voit en lui un représentant idéal pour incarner les valeurs de transparence, de responsabilité et d'intégrité qui lui sont chères.

Au sein du CSLC, ASIE se bat pour renforcer les mesures de protection des journalistes et de la presse libre. Il plaide pour des lois qui garantissent l'accès à l'information et qui protègent les journalistes des menaces et des violences. Sa présence au sein de cette institution lui permet de travailler en étroite collaboration avec d'autres acteurs de la société civile, des juristes et des défenseurs des droits humains, unissant leurs forces pour promouvoir une presse libre et indépendante au Congo.

Engagement envers les jeunes journalistes et la communication responsable

Conscient de l'importance de former la nouvelle génération de journalistes, ASIE s'engage auprès des jeunes reporters en organisant des ateliers et des formations. Il partage ses expériences, ses réussites et ses échecs, afin d'inspirer et de guider ceux qui souhaitent embrasser la carrière de journaliste. Il leur enseigne non seulement les techniques de journalisme, mais aussi l'éthique et la responsabilité qui doivent accompagner ce métier.

ASIE met un accent particulier sur la communication responsable, soulignant que le journalisme ne doit pas se limiter à informer, mais également à éduquer et à responsabiliser la population. Il insiste sur l'importance de vérifier les faits, de recouper les informations et d'être vigilant face à la désinformation qui peut saper la confiance du public envers les médias.

Son engagement envers les jeunes journalistes témoigne de sa volonté de bâtir un futur où la liberté de la presse est non seulement protégée, mais également valorisée. ASIE Dominique de Marseille aspire à un Congo où les journalistes peuvent travailler en toute sécurité, où la vérité prévaut sur la propagande, et où chaque citoyen a accès à une information de qualité pour prendre des décisions éclairées.

Ainsi, après sa sortie de prison, ASIE ne se contente pas de retrouver sa place dans le monde du journalisme ; il devient un acteur clé du changement, un mentor pour les jeunes et un défenseur inflexible de la liberté d'expression. Sa trajectoire, marquée par la résilience et la détermination, est un exemple inspirant pour tous ceux qui croient en la puissance de la vérité et de la justice. Sa voix résonne désormais comme un appel à l'action, une invitation à défendre la liberté, non seulement pour soi-même, mais pour tous.

CHAPITRE 8

Héros de la liberté

L'histoire d'ASIE Dominique de Marseille est celle d'un homme qui, par sa détermination et son courage, se transforme en figure emblématique de la presse congolaise. Son parcours, ponctué d'épreuves et de luttes, incarne la quête inlassable pour la liberté d'expression et la justice dans un contexte où ces valeurs sont souvent remises en question. L'évolution d'ASIE Dominique de Marseille en tant que figure emblématique de la presse congolaise

Depuis la création du journal LE CHOC, ASIE a su s'imposer comme une voix forte et respectée dans le paysage médiatique congolais. Son expérience traumatisante en prison, loin de le faire sombrer dans le désespoir, a renforcé sa détermination à œuvrer pour un journalisme libre et responsable. En tant que directeur du journal LE CHOC et membre du Conseil Supérieur de la Liberté de Communication, il s'est fait le champion de la défense des droits des journalistes et de l'accès à l'information.

À chaque fois qu'il prend la parole, que ce soit lors de conférences, d'ateliers ou dans ses écrits, ASIE incarne une vision d'un Congo où la liberté d'expression est le fondement de la démocratie. Son engagement et son authenticité attirent l'attention des médias internationaux, faisant de lui un symbole de la résistance face à l'oppression. Les jeunes journalistes, inspirés par son parcours, le considèrent comme un mentor et un modèle à suivre.

L'importance de son combat pour la liberté et la justice dans la société congolaise contemporaine

Le combat d'ASIE pour la liberté de la presse et la justice est d'une importance cruciale dans la société congolaise contemporaine. Alors que le pays continue de faire face à des défis politiques et économiques, la voix de l'information indépendante est plus nécessaire que jamais. ASIE rappelle constamment à ses concitoyens que la liberté d'expression est non seulement un droit fondamental, mais aussi un outil essentiel pour la responsabilisation et la transparence au sein des institutions.

Son travail met en lumière les injustices sociales, les pratiques de corruption et les abus de pouvoir qui gangrènent la société. En dénonçant ces problèmes, ASIE rend service à sa communauté en ouvrant le débat public et en incitant les citoyens à participer au débat pour la république. Son engagement dépasse le cadre journalistique : il s'agit d'un appel à l'action pour tous ceux qui aspirent à un avenir meilleur pour le Congo.

Malgré les avancées obtenues grâce à des luttes comme celle d'ASIE, la liberté de la presse au Congo demeure fragile. Les journalistes continuent de faire face à des menaces, des intimidations et des violences. Les cas de censure, de harcèlement et d'arrestations arbitraires sont encore trop fréquents. Les médias d'État, bien que plus ouverts qu'auparavant, restent influencés par le pouvoir politique, ce qui limite la diversité des voix dans le débat public.

ASIE Dominique de Marseille, en tant que héros de la liberté, comprend que la route vers une presse indépendante et dynamique est encore semée d'embûches. Il appelle à une vigilance constante et à la solidarité entre les journalistes, les organisations de la société civile et les citoyens. Ensemble, ils doivent continuer à défendre les principes de transparence, d'intégrité et d'éthique, éléments essentiels pour bâtir une démocratie solide.

En réfléchissant aux défis actuels, ASIE encourage la jeune génération de journalistes à ne pas céder à la peur. Il leur rappelle que la parole est puissante et que chaque article, chaque enquête, peut être un acte de résistance et de changement. La liberté de la presse est un combat à mener chaque jour, mais il est un combat qui en vaut la peine, car il ouvre la voie à un Congo où la justice et la vérité prévalent.

Ainsi, ASIE Dominique de Marseille demeure une figure emblématique et inspirante de la lutte pour la liberté d'expression, un héros de la liberté dont l'impact continuera à se faire sentir dans les années à venir. Son parcours est un exemple vivant de résilience et d'engagement, une preuve que, même dans les temps les plus sombres, la passion pour la vérité et la justice peut éclairer le chemin vers un avenir meilleur.

CONCLUSION

Le parcours d'ASIE Dominique de Marseille est un témoignage puissant de la lutte pour la liberté de la presse et la défense des droits humains au Congo. Son engagement indéfectible, sa résilience face à l'adversité et son audace à dénoncer les injustices font de lui une figure emblématique de la presse congolaise. À travers les épreuves qu'il a traversées, ASIE incarne l'esprit de résistance qui anime ceux qui croient en la nécessité d'une information libre et responsable.

Son histoire rappelle que le journalisme n'est pas seulement un métier, mais une vocation qui exige courage, intégrité et détermination. ASIE Dominique de Marseille a su utiliser sa voix pour ouvrir des espaces de dialogue et de réflexion dans une société en quête de justice. En luttant contre la répression et en défendant la vérité, il a non seulement contribué à la construction d'une presse plus libre, mais il a également inspiré une nouvelle génération de journalistes à s'engager dans cette noble mission.

Le message d'espoir que nous tirons de son parcours est clair : la liberté de la presse est essentielle à la santé d'une démocratie. Les journalistes jouent un rôle crucial en tant que gardiens de la vérité et relais des préoccupations des citoyens. Dans un monde où l'information est souvent manipulée et contrôlée, la nécessité d'une presse indépendante est plus pressante que jamais. Les mots d'ASIE résonnent avec puissance : chaque voix compte, chaque article peut faire la différence, et chaque acte de journalisme courageux contribue à bâtir des sociétés plus justes et transparentes.

Nous appelons tous à l'engagement pour la liberté d'expression et les droits humains. Chacun d'entre nous, en tant que citoyen, a un rôle à jouer dans la défense de ces valeurs fondamentales. Que ce soit par le soutien aux médias indépendants, la promotion d'un environnement sûr pour les journalistes ou l'exigence de responsabilité de la part des gouvernements, notre engagement collectif peut faire évoluer les mentalités et renforcer les droits fondamentaux.

ASIE Dominique de Marseille nous rappelle que la lutte pour la liberté de la presse est un combat continu, une quête qui transcende les frontières.

En nous unissant dans cette cause, nous pouvons contribuer à forger un avenir où la vérité, la justice et la dignité humaine prévalent. Le chemin sera semé d'embûches, mais comme ASIE, nous devons garder espoir, car chaque geste, aussi petit soit-il, est un pas vers la liberté.

TABLE DES MATIÈRES

Résumé de l’ouvrage

Ce livre se déroule dans le contexte de l’Afrique des années 1990, une période de changements politiques significatifs, marquée par la chute des régimes autoritaires et l’aspiration à la démocratie. La conférence nationale souveraine du Congo, prévue en 1991, est un événement décisif pour redéfinir la gouvernance et permettre l’émergence de la démocratie.

Le protagoniste, ASIE Dominique de Marseille, un jeune journaliste passionné, fonde le journal LE CHOC en 1991, qui vise à libérer la presse et à offrir une voix aux sans-voix. À une époque où l’information est contrôlée par l’État, LE CHOC devient un symbole de vérité et de résistance, permettant aux citoyens d’accéder à des opinions diversifiées et de participer au débat public.

Le livre aborde la conférence nationale souveraine, où la libéralisation de la presse est un enjeu crucial. Les chefs d’État doivent faire face à la pression internationale pour passer au multipartisme, et la création de publications indépendantes comme LE CHOC est essentielle pour une démocratie authentique.

Le livre décrit les débuts audacieux de LE CHOC et les défis de la clandestinité, soulignant comment le journal réussit à toucher un public avide d’informations, malgré un environnement répressif. LE CHOC se distingue par sa volonté de traiter des sujets sensibles et de critiquer le pouvoir, offrant ainsi une plateforme pour la voix du peuple.

LE CHOC incarne une quête de liberté et de vérité, jouant un rôle majeur dans le processus de démocratisation du Congo en ouvrant des espaces de débat et en défendant le droit à l’information dans un contexte où la voix des citoyens était longtemps étouffée.

FSC
www.fsc.org
MIX
Papier aus verantwortungsvollen Quellen
Paper from responsible sources
FSC® C105338

Printed by Books on Demand GmbH, Norderstedt / Germany